DAYS TO MISS
Copyright © 2015 by 杨旭乾

版权所有，并保留一切权利。本书任何部分未经作者允许不得以任何方式进行复制、使用，其中亦包括任何电子手段的存储及分发。

封面设计：杨旭乾
书籍设计：杨旭乾
插画：杨旭乾
http://blog.riscafes.co.uk/
版次：2015年3月 第一版 于香港
ISBN 978-988-14171-2-1

DAYS TO MISS
Copyright © 2015 by Harvey Yang (杨旭乾)

All rights reserved. No part of this book may be reproduced in any form or by any electronic or mechanical means including information storage and retrieval systems, without permission in writing from the author.

Cover design by Harvey Yang (杨旭乾)
Book design by Harvey Yang (杨旭乾)
Illustrations by Harvey Yang (杨旭乾)
http://blog.riscafes.co.uk/
First Printing: March, 2015
Published in Hong Kong
ISBN 978-988-14171-2-1

¥106 / HK$116 / £10.6

谨以此书献给我自己,那段时间以及那段时间里黑漆漆着的Yolanda.R

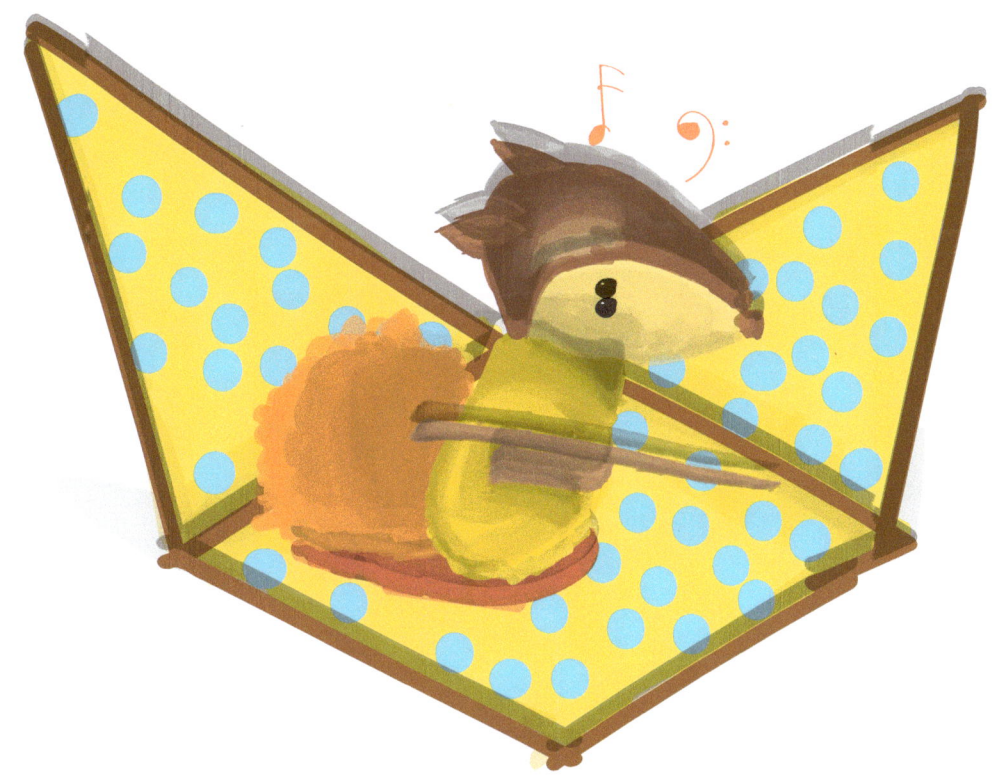

# 代序

**韩林曦 //**

认识杨子何十年,陪他经历过初恋,也见识过校园里疯狂迷恋他的小学妹。看过他对爱情疯狂的执着,也安慰过爱情走后他受伤的心。这不是子何第一次爱上一个姑娘,也必然不是他第一次因为爱而激发出了灵感,可是却是他第一次将每一天的思念寄托在笔端,自己一笔一笔的将爱和思念画在纸上。每次看到子何在爱情里无果而终,总是希望如果下一次再遇到什么人,他能够学会包裹起自己的真心,保护自己少受一些伤害,可是每一次他却依旧还是会像第一次一般,把自己火热的心摆在心爱的人面前,哪怕明知道收获的不是另一颗真心而是另一道更深的伤口……

我没有见过Yolanda,但是看过一张她的照片,也因为同是秤子而喜欢这个天真可爱又有点纠结的女孩。虽然最后的决定让人有点惋惜,但是希望看到这本册子的时候这位可爱的姑娘能回忆起和子何间的种种,然后露出一个温暖的微笑。

比起理工男,子何更像个艺术家,总会在爱情来临时迸发出最炽热的创作灵感。可是比起这些我超级喜欢的作品,却更希望有一天他能真的遇到一个姑娘,他爱她,她也爱他,哪怕代价是再也看不到这些画。

**谢依璐 //**

时值信息时代,人类交流日趋快捷与多元,唯有情感沟通愈发步履艰难。此中缘由,想必是人类的情感深刻复杂,而网络简单细碎之故。爱无疑是最难以诠释的情感之一,若以欲栓之,不堪其重,文以赋之则略显冗长。子何寄情于自然万物、生活百态,以抒胸中臆,却是最质朴、最真挚的爱的表达。

其画风抽象朦胧,一情牵,一神动,皆勾画其中,是谓"悄焉动容,视通万里"也。然神思远矣,全貌难得,今观其画者,如隙中窥月。所幸艺也,超脱于作者,读者读之,观者观之,听者听之,各得其所,抑或一笑而泯之,不亦快哉?

**王凯 //**

我与子何是十年的老友。从十六岁到二十六岁,爱情从青春禁忌的游戏,到大学里如影随形的空气,而渐渐变成一种珍贵的、不随年龄退化的能力。在各自行色匆匆之中,放弃自我保护和言简意赅的成人本能,穿越城市的藩篱生发出真挚的爱情,是一件多么奢侈而勇敢的事。就把这炽烈与恬淡交织的爱恋,融化在每一幅恬美的画作中吧。愿我们始终如上帝所赐,可以拥有真挚的爱!

**伍惊瑨 //**

收到子何的邀请,说要帮他写序的时候,我是惊喜的,虽然我依旧忙碌,也拖了很久。很荣幸为他的新书写序之类的客套我不想多说了,我想我是真的有许多话想对这个认识了很久的男孩说,潜意识也可以说是没有人比我更适合帮这个矛盾综合体写序了。

对于感情,他虽内敛但又奔放。我感觉他一直是纠结而痛苦的,他一直在与自己的内心fighting。我形容他是表面平平静静,内心激扬澎湃。也正是如此,才会出现这本21天属于他自己内心的画册。我们经常会互相谈论自己的心境,我理解他的处境,也会为他的煎熬着急,虽然我知道,有时候自己才是结束自我痛苦的救赎者。即便如此,我仍然不认为内心的纠结是一件坏事。因为正是这样,上天才造就了这个内心充满诗意的男子。看到画册,我也松了一口气,因为他心中的色彩是丰富的,并且远远的盖过了那些阴霾。

曾跟子何说过,觉得这个女孩有些像曾经的我:天秤座、犹豫、胆小,其实本身自己需要的也就是一个对自己一心一意的那个人。总是后来才会明白,这个世界上找到一个自己爱同时也爱自己的人,实在太难。二十几岁的女孩和二十几岁的男孩的想法总是不太相同,想要得到的也不太一样,但无论是谁,都愿获得纯粹的爱情。

只愿岁月如梭,留下珍贵的、温暖的给这个总是怀抱美丽希望的男孩儿。更愿他跟我一样,不忘初心。

**赵天 //**

二十一日,爱你, 不知道是不是爱,也不知道是不是你。

月夜里,日出时,黄昏下,还有梦中,梦中都是你。

二十一日,梦未醒,你在哪里?

对爱的执着,对你的着迷,这二十一幅画作正是这些思绪最好的诠释。

## 自序

这本书，或者说是画册更加贴切一点，收录了我的二十一张插画作品。这些插画是在连续的二十一天里面每天一幅那样画出来的，所以每一幅都难以称的上完善。然而我想，这二十一张画连在一起的时候能展示出那段时间里我内心的完整图景——对爱的表达和对思念的一种诠释。

那段连续三周的时间里，我和喜欢的人约定花时间冷静下来想清楚彼此对彼此的感情。最初的想法大概很简单，就是想要她暂时躲开我给的压力，把对我的感情想得清楚。虽然现在看来这是一个很傻的主意，但我最一开始确实也完全平静下来，只剩下思念和梦里频频出现的她。为了不给她新的压力，我只好开始把我的思念画下来，每天一幅，没有压迫只有自然流露，不论是在旅途的航机上还是去往她所在的城市的列车上，无论是在深夜的家里还是她家旁边的酒店里，从未间断。虽然结果不会改变，也知道她不会告诉我她喜欢与否，我最后还是把这二十一幅画印出来送给了她。只是单纯地表达，没有要感动什么人，跟这个画册一样，只是想记录，没有要感动人。

这就是这些画的故事和这画册的一切。

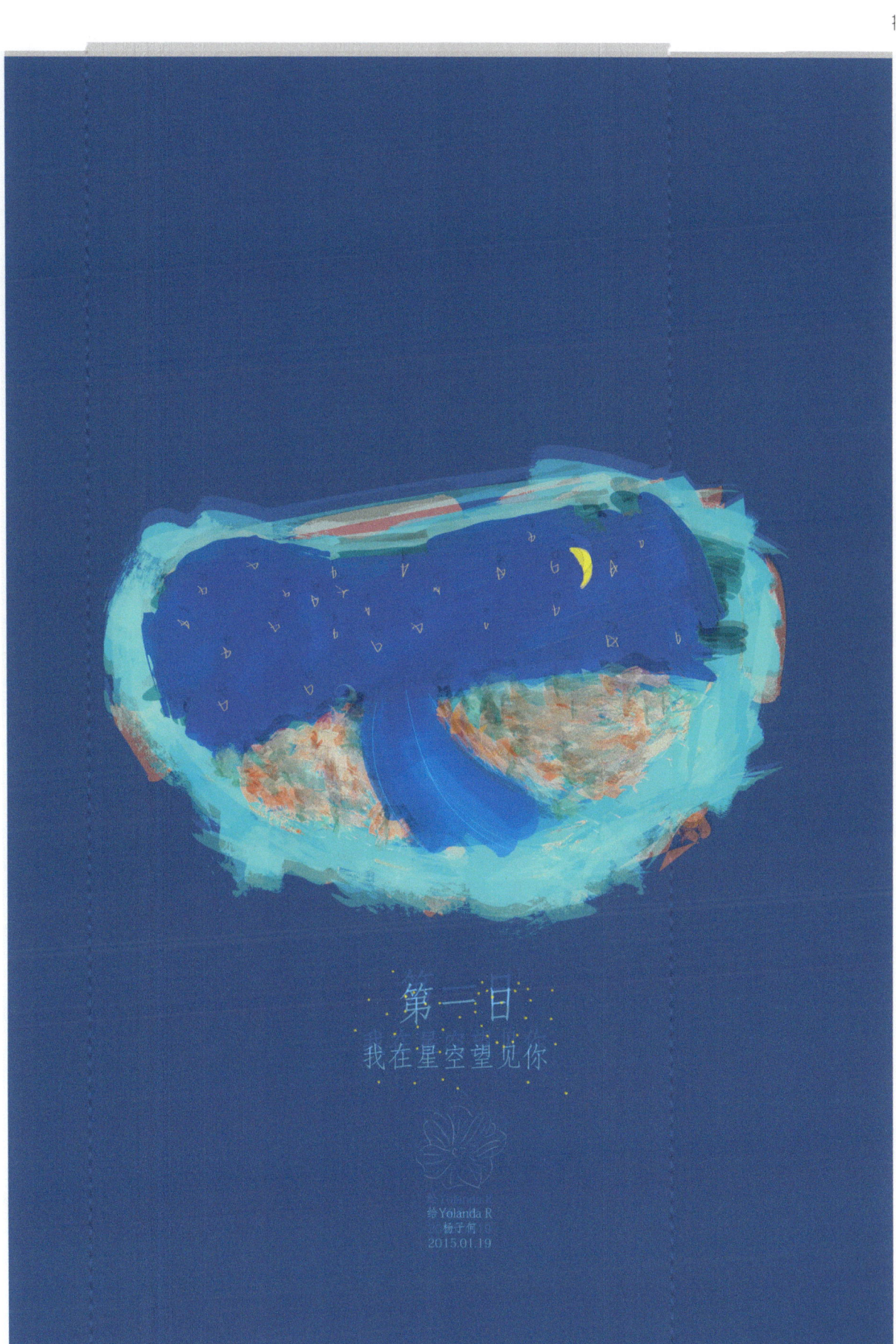

轻松而愉快的 觉得终于可以有一个明确的结果可以期待
想到的是乡间小路里的星垒

涟漪

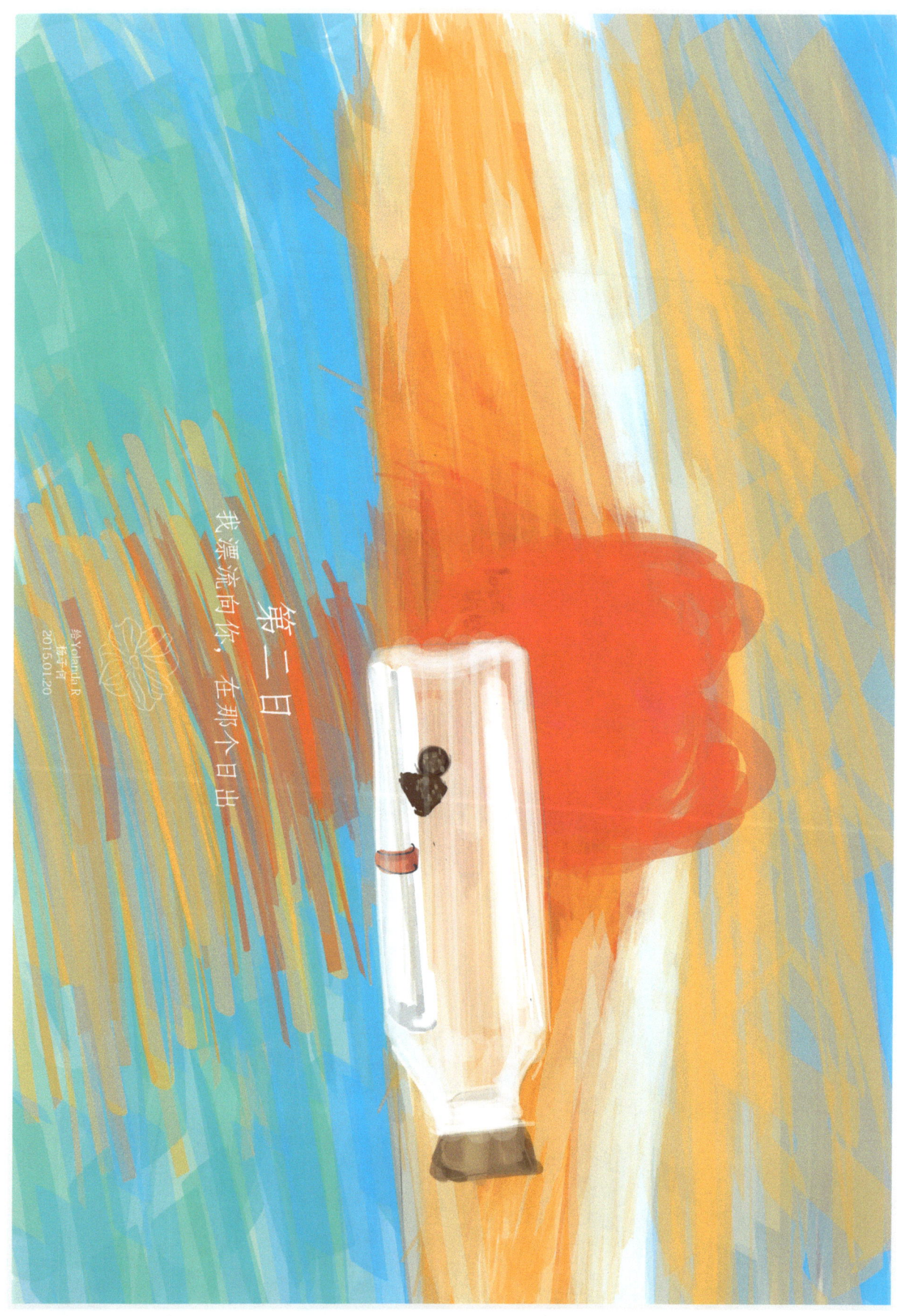

2015.01.20 DAY 2
充满希望的
想到的是晨光里漂向远方等待结果的愿望

涟漪
DAYS TO MISS

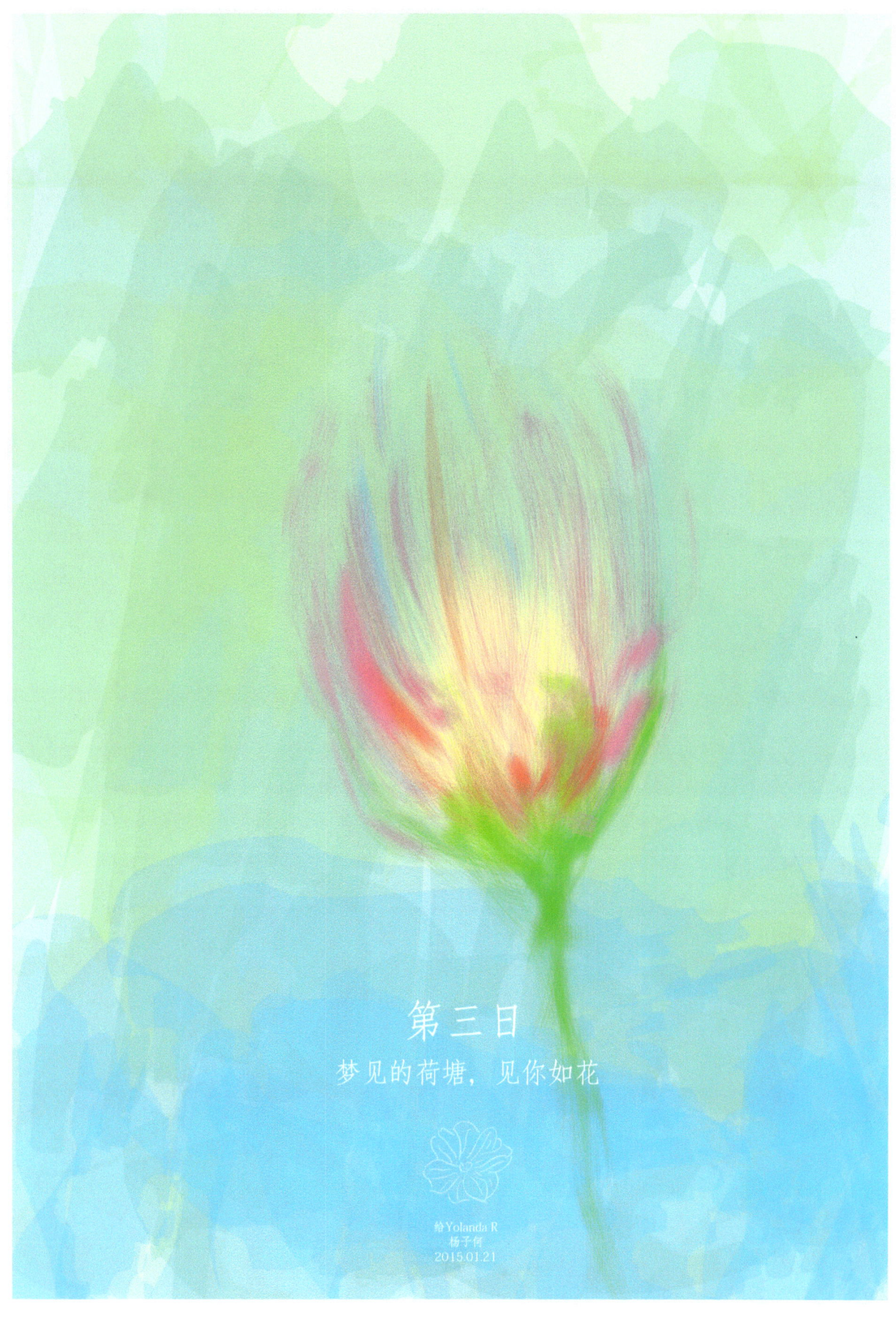

2015.01.21 DAY 3
平静的
想到的是与她梦里的荷塘里唯有的荷花

涟漪
DAYS TO MISS

4

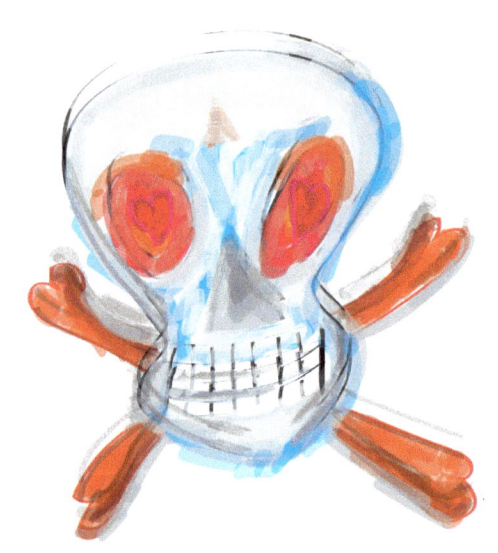

# 第四日
望眼欲穿；e881 :)

给Yolanda R
给Yolanda R
2015.01.22
2015.01.22

2015.01.22 DAY 4
玩昧的
想到的是跟她逛街时她说e881的骷髅

涟漪
DAYS TO MISS

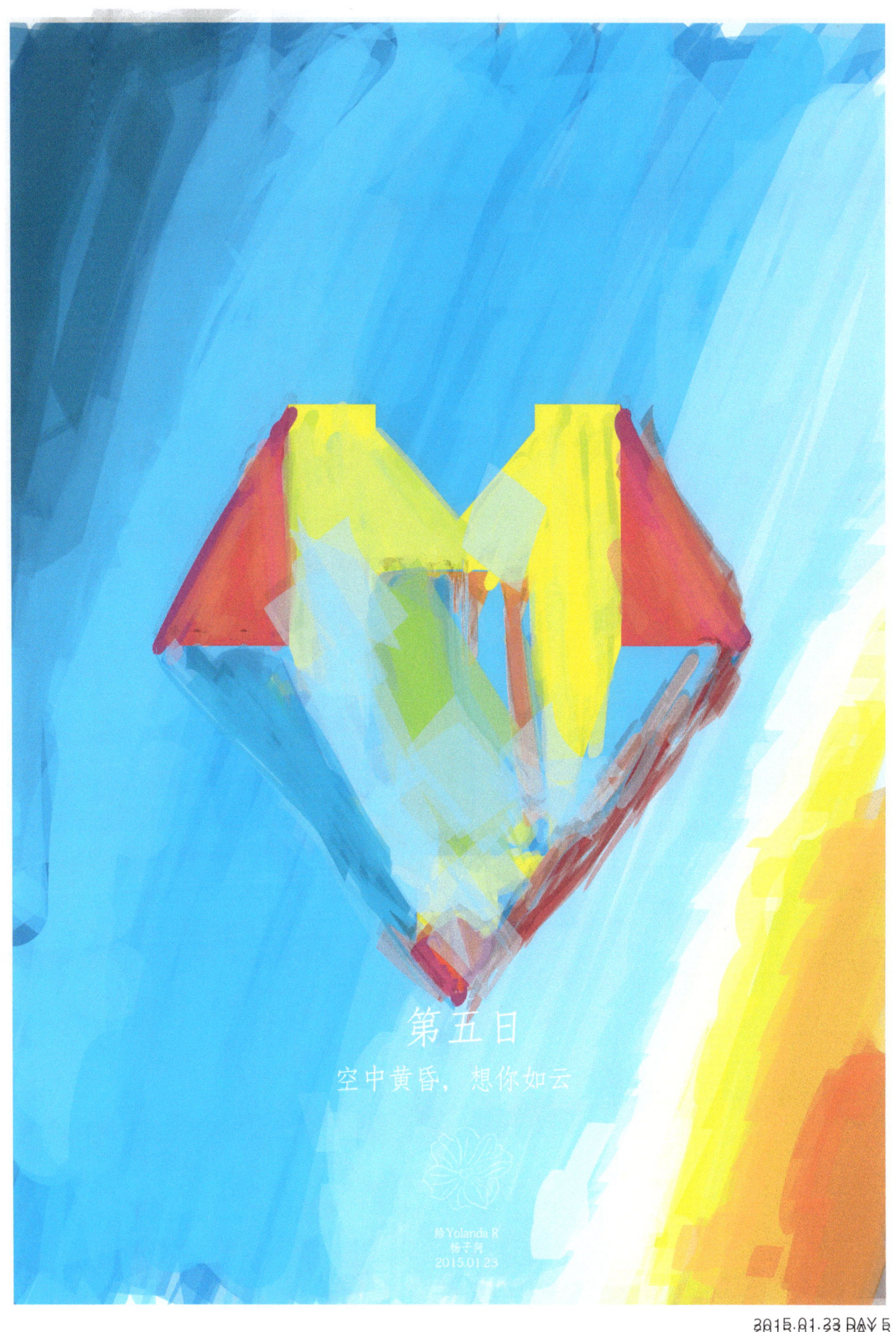

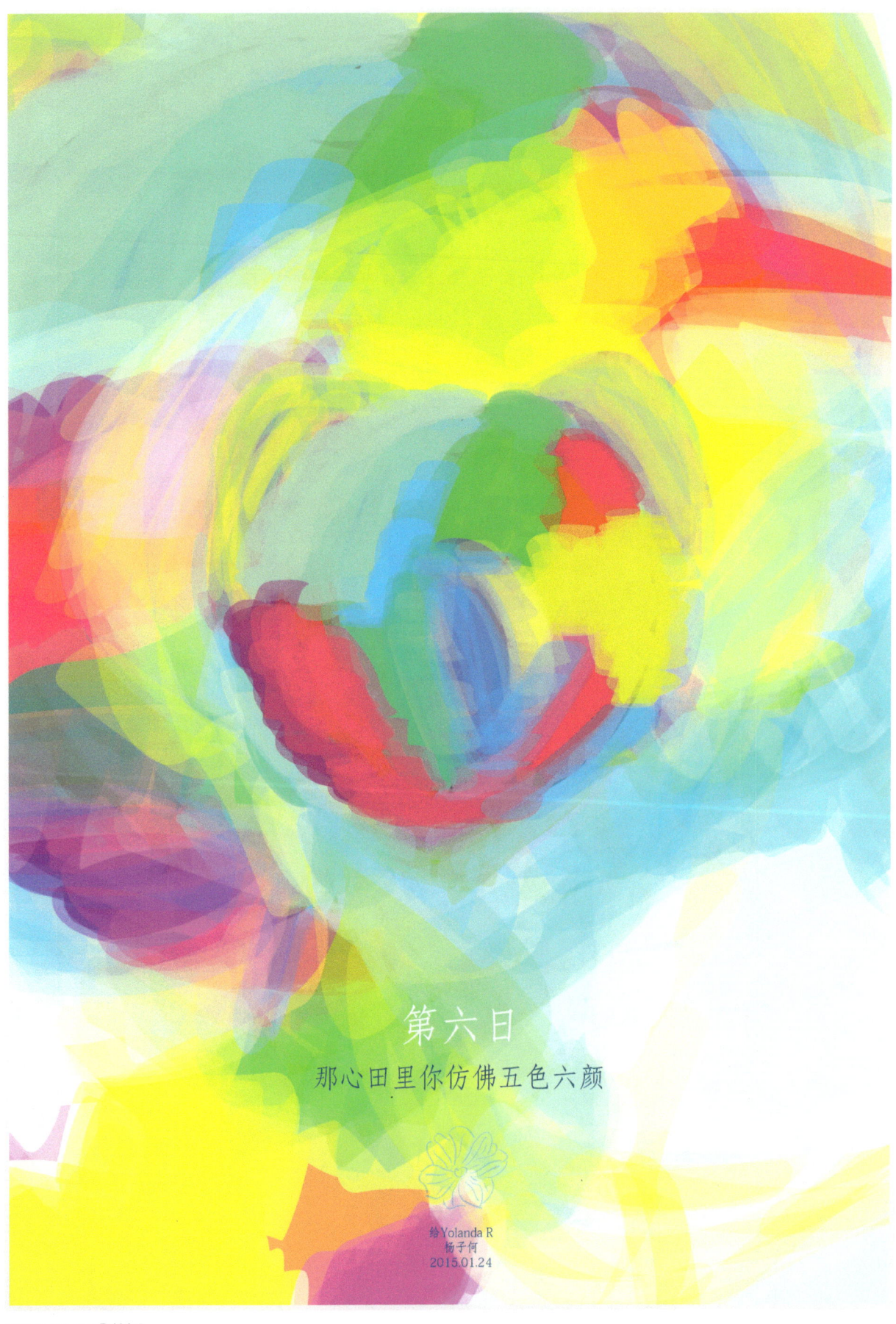

2015.01.24 DAY 6
踌躇担忧的

涟漪
DAYS TO MISS

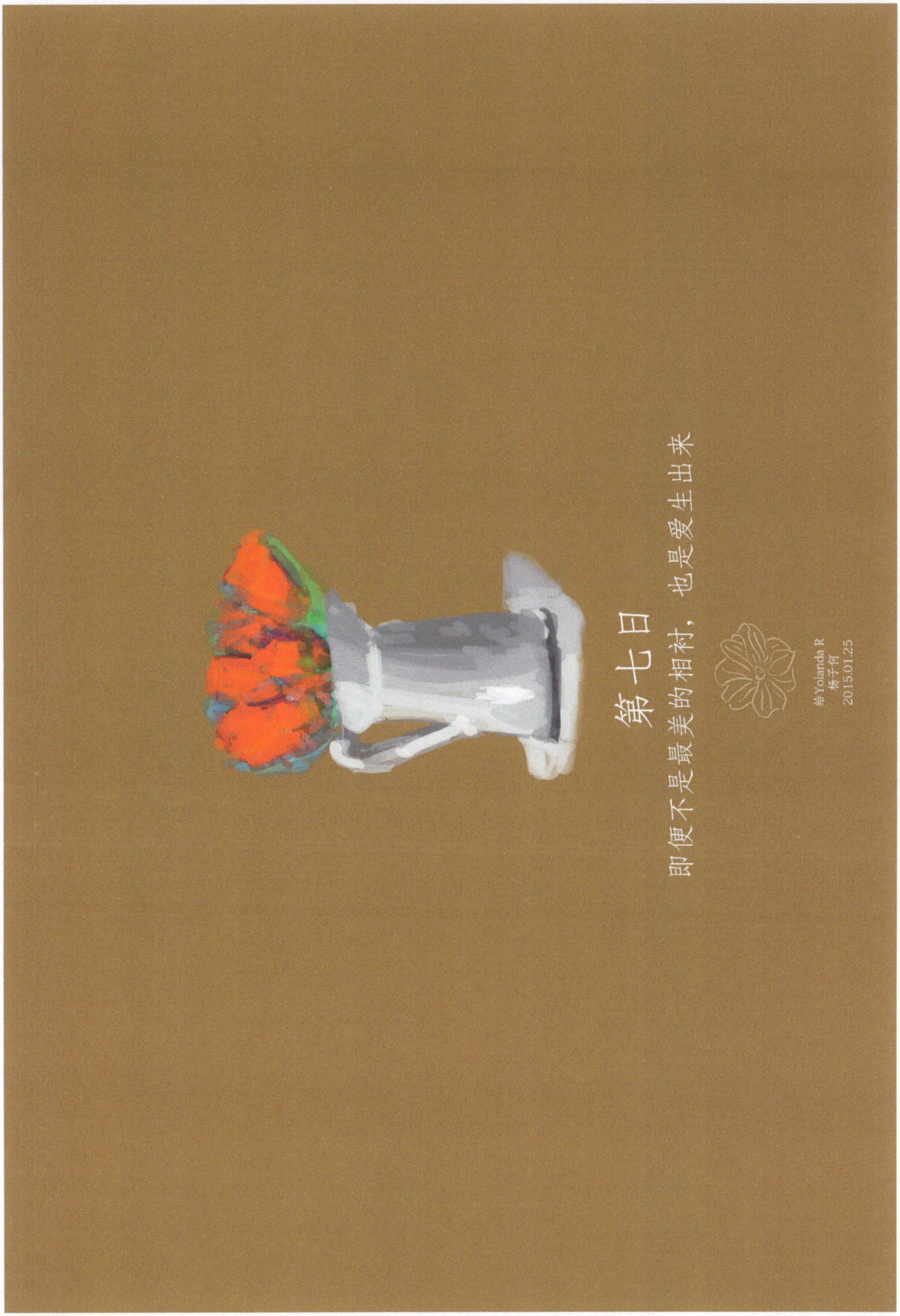

# 第七日

即便不是最美的相衬，也是爱生出来

苓 Yolanda R
杨子柯
2015.01.25

2015.01.25 DAY 7
安静悲观的
想到的是简单的爱的意象

涟漪
DAYS TO MISS

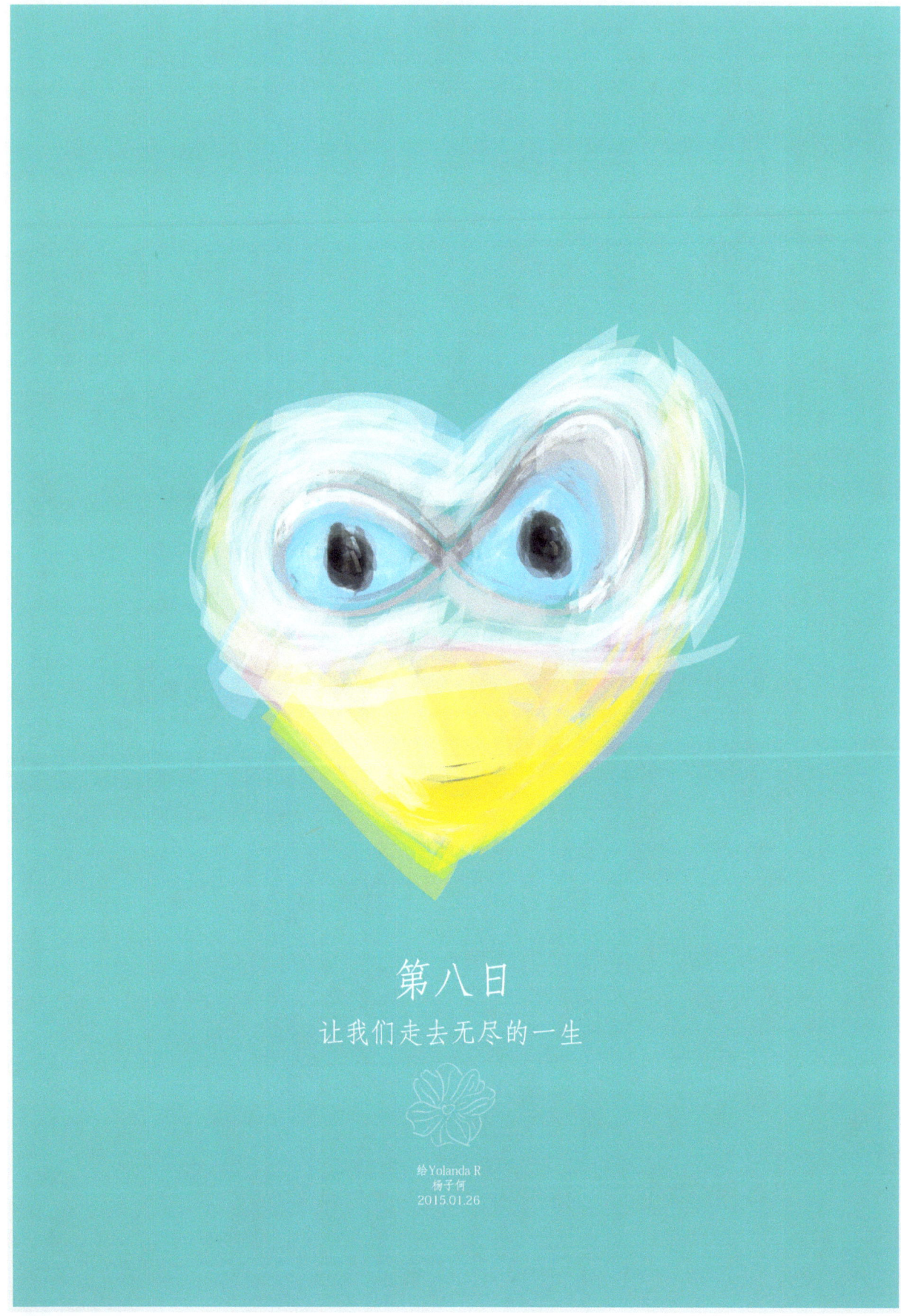

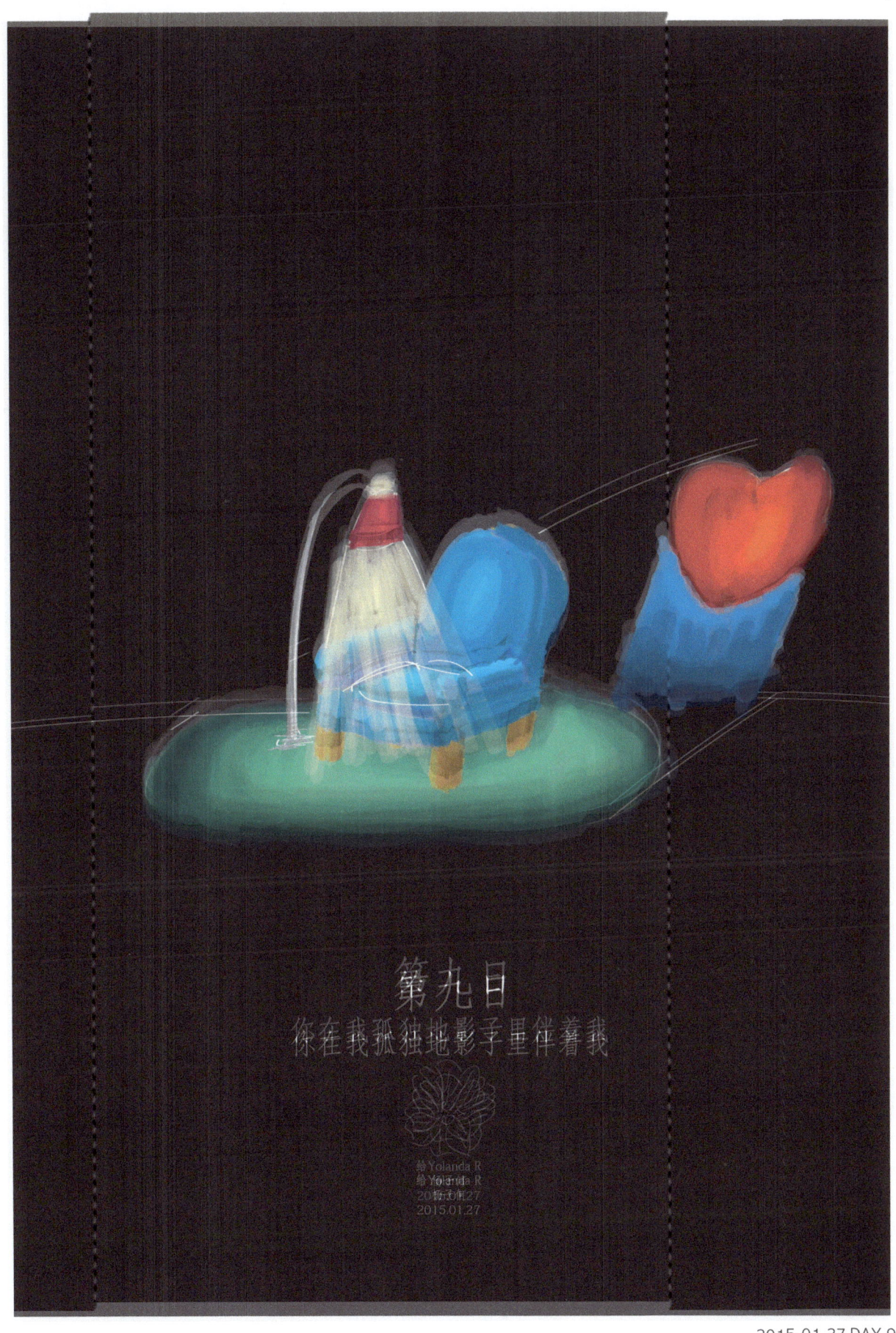

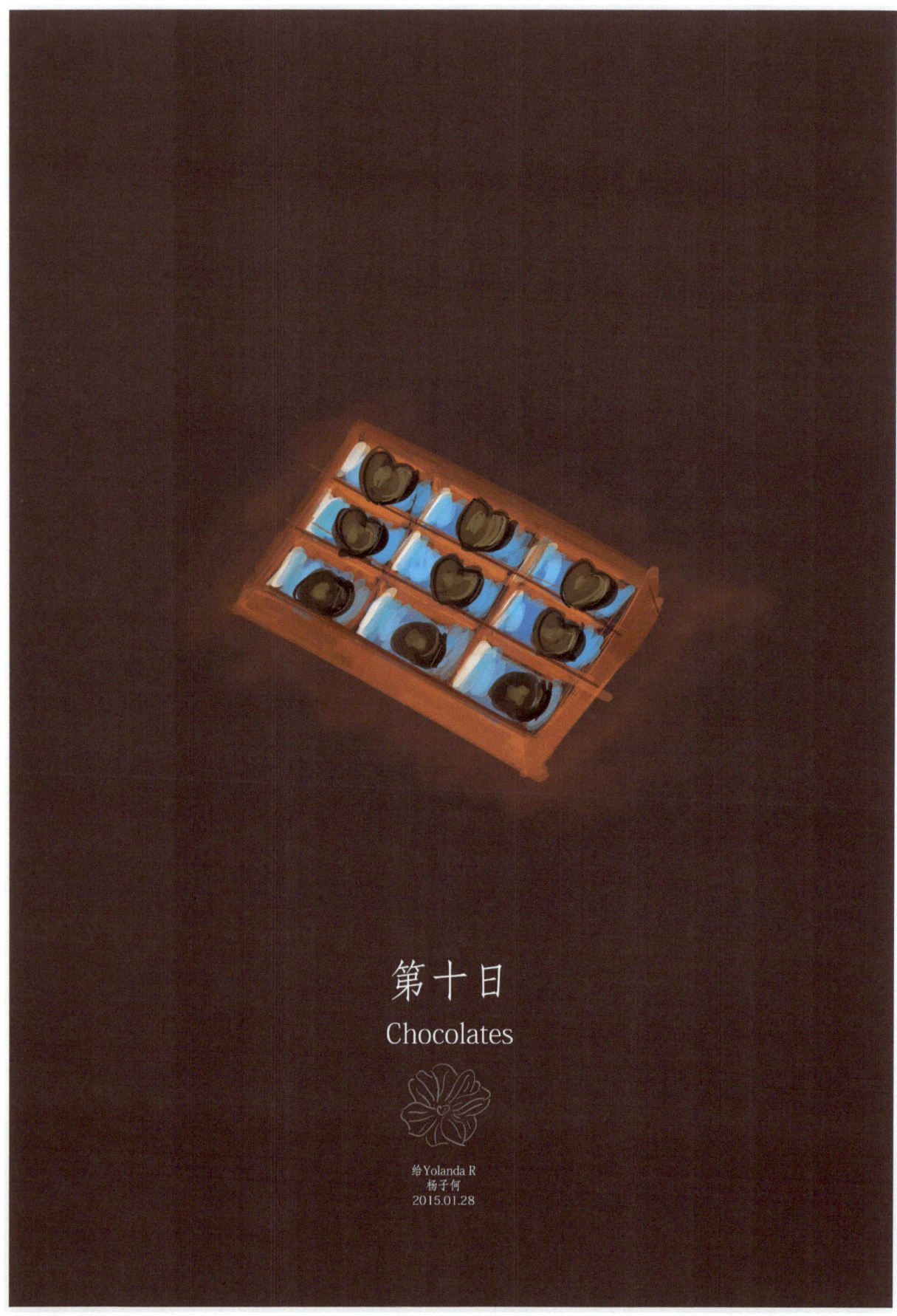

第十日
Chocolates

给Yolanda R
杨子何
2015.01.28

2015.01.28 DAY 10
深情的 安详的
想到的是她最爱吃的

涟漪
DAYS TO MISS

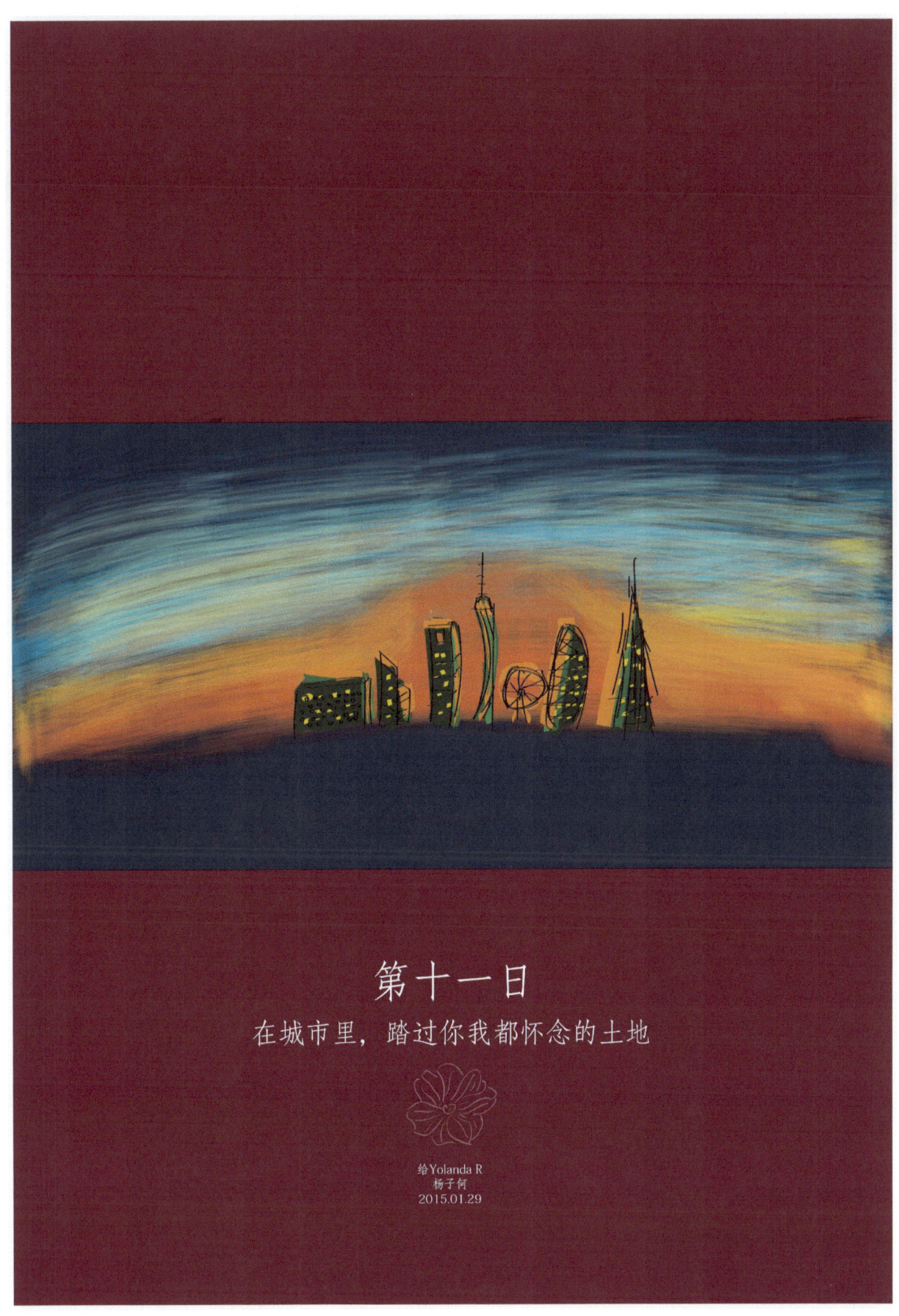

# 第十一日
在城市里，踏过你我都怀念的土地

给Yolanda R
杨子何
2015.01.29

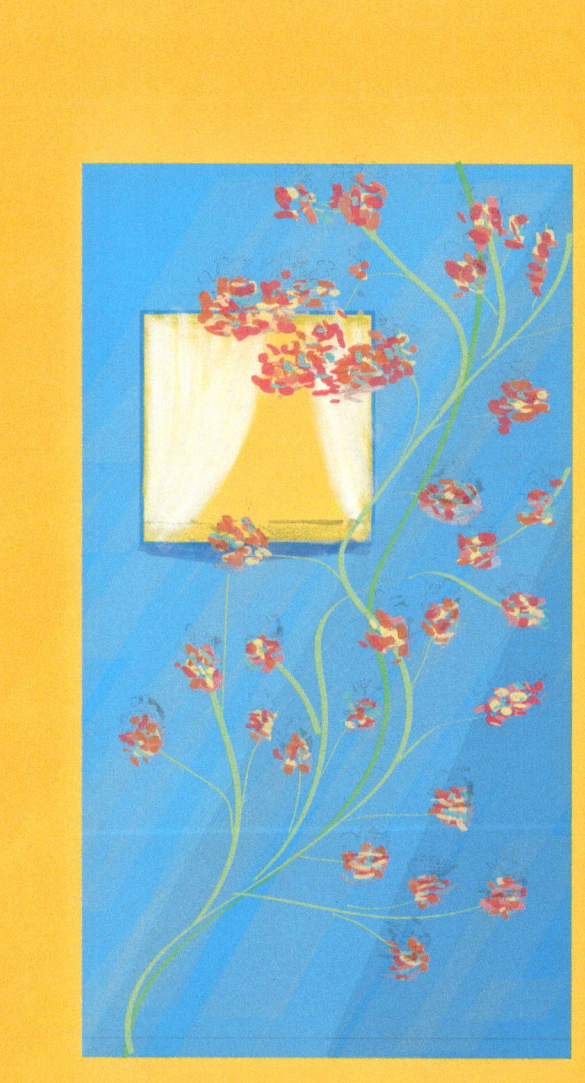

第十二日

给 Yolanda R
椰子树
2015.01.30

2015.01.30 DAY 12
至诸希逢的
想到的是她在我梦里的居所

涟漪
DAYS TO MISS

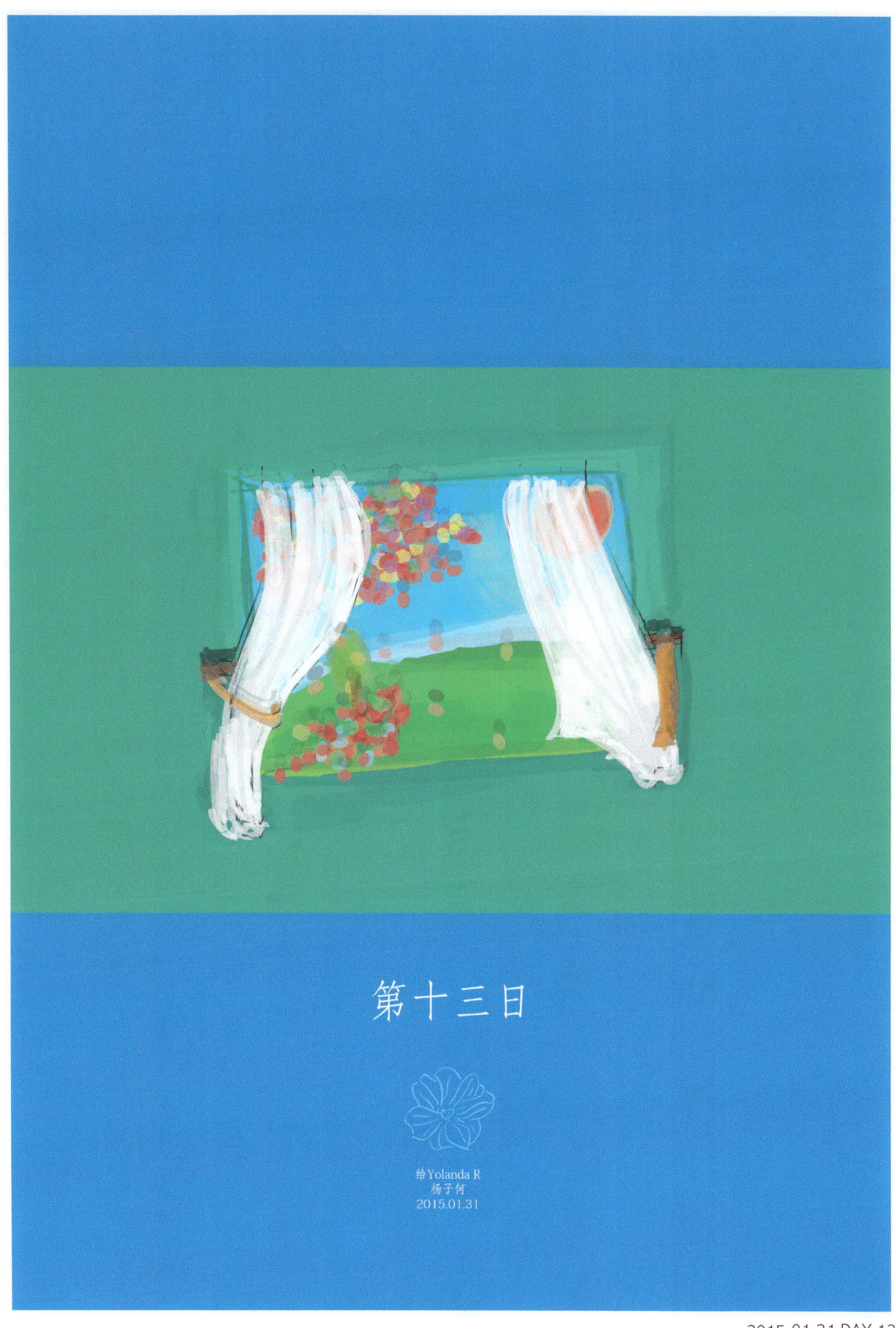

第十三日

给Yolanda R
杨子何
2015.01.31

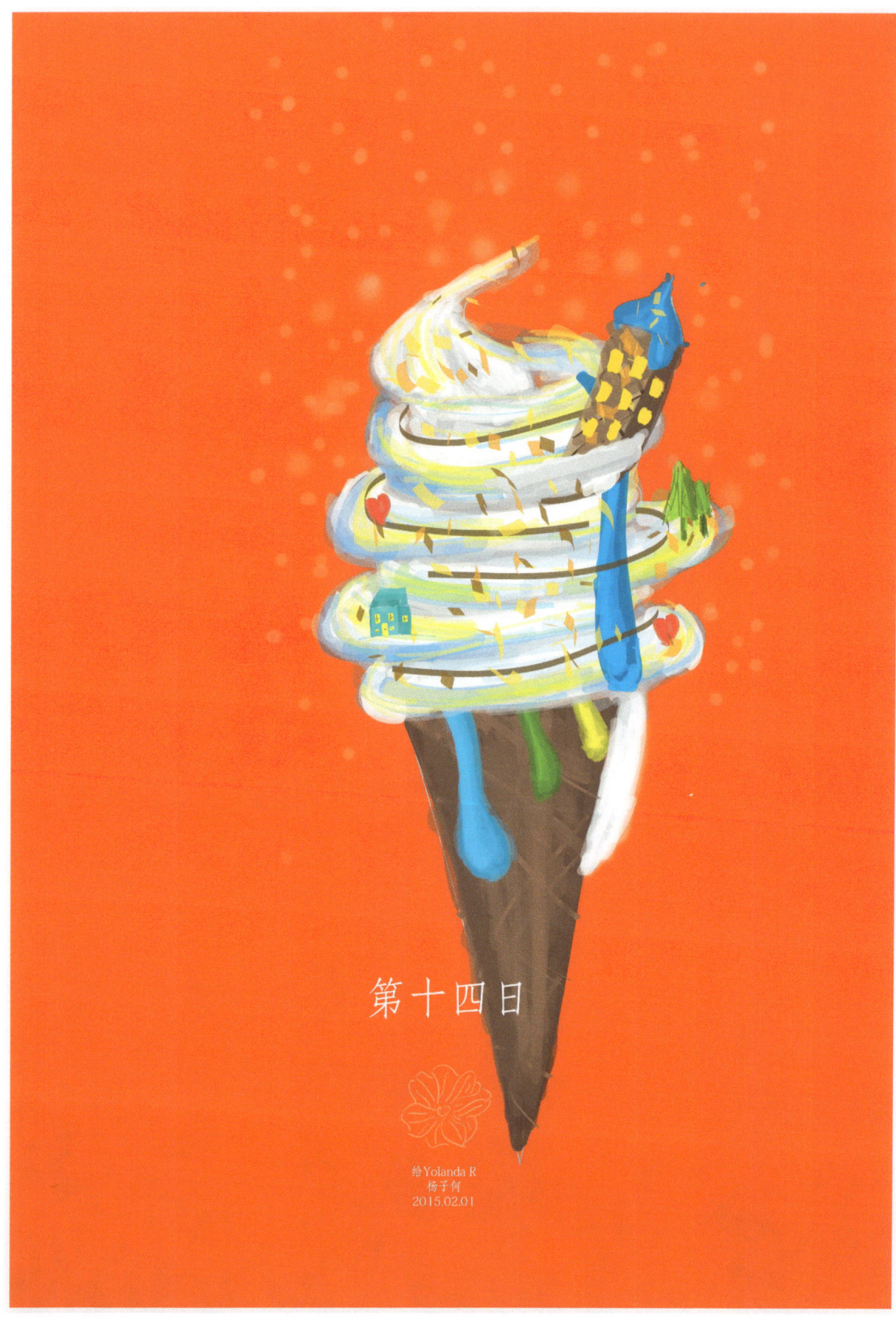

2015.02.01 DAY 14
清甜的 冰冷的

涟漪
DAYS TO MISS

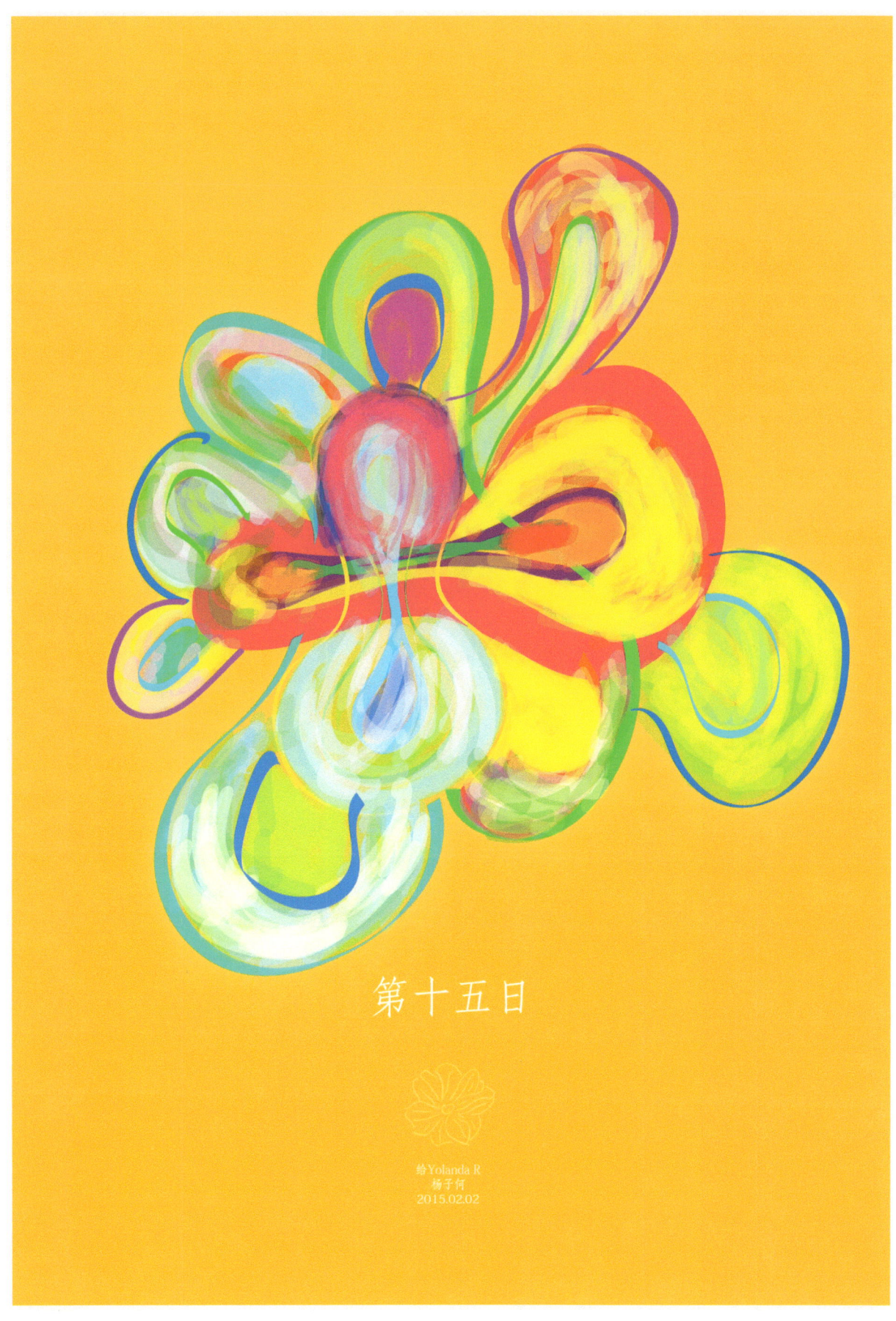

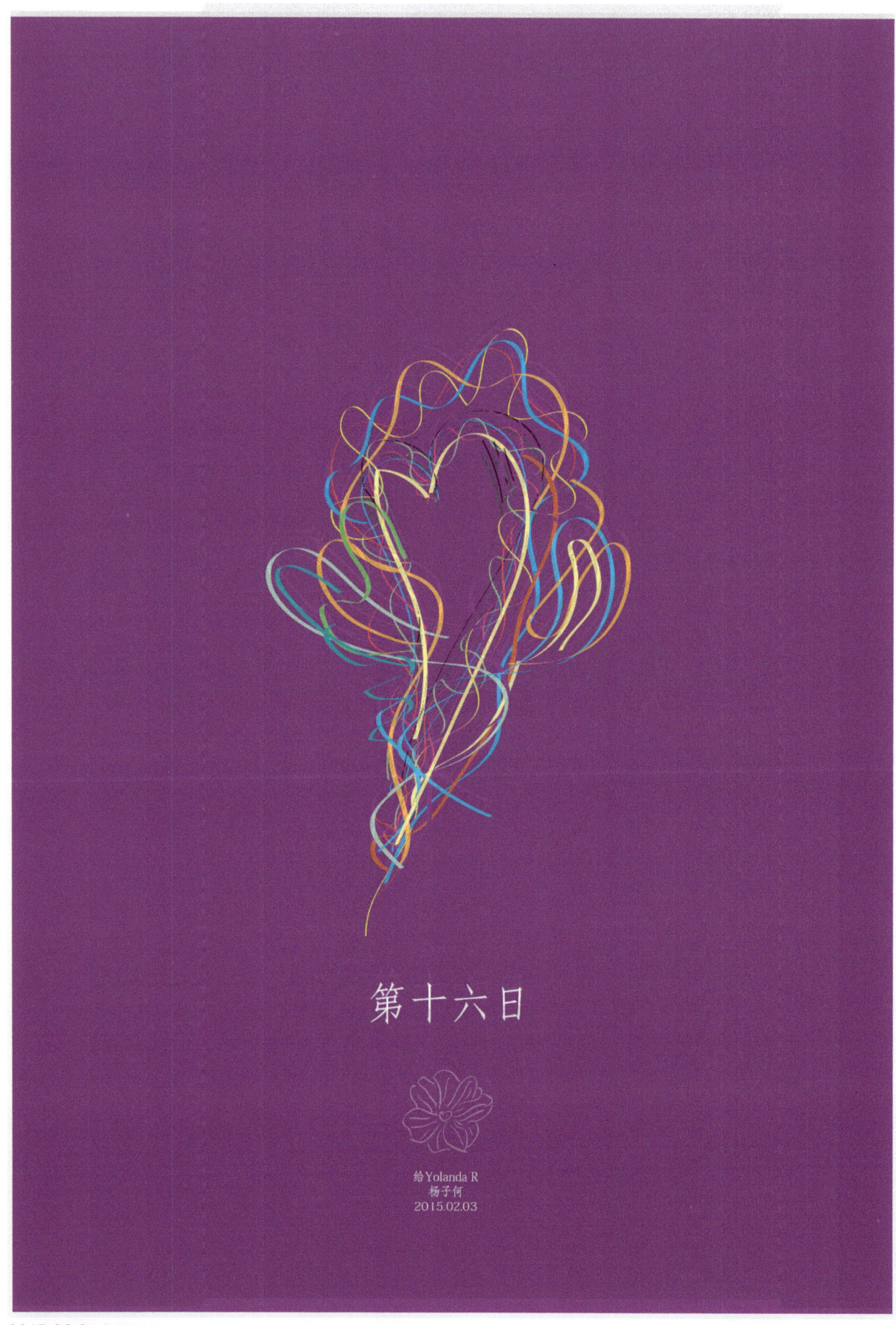

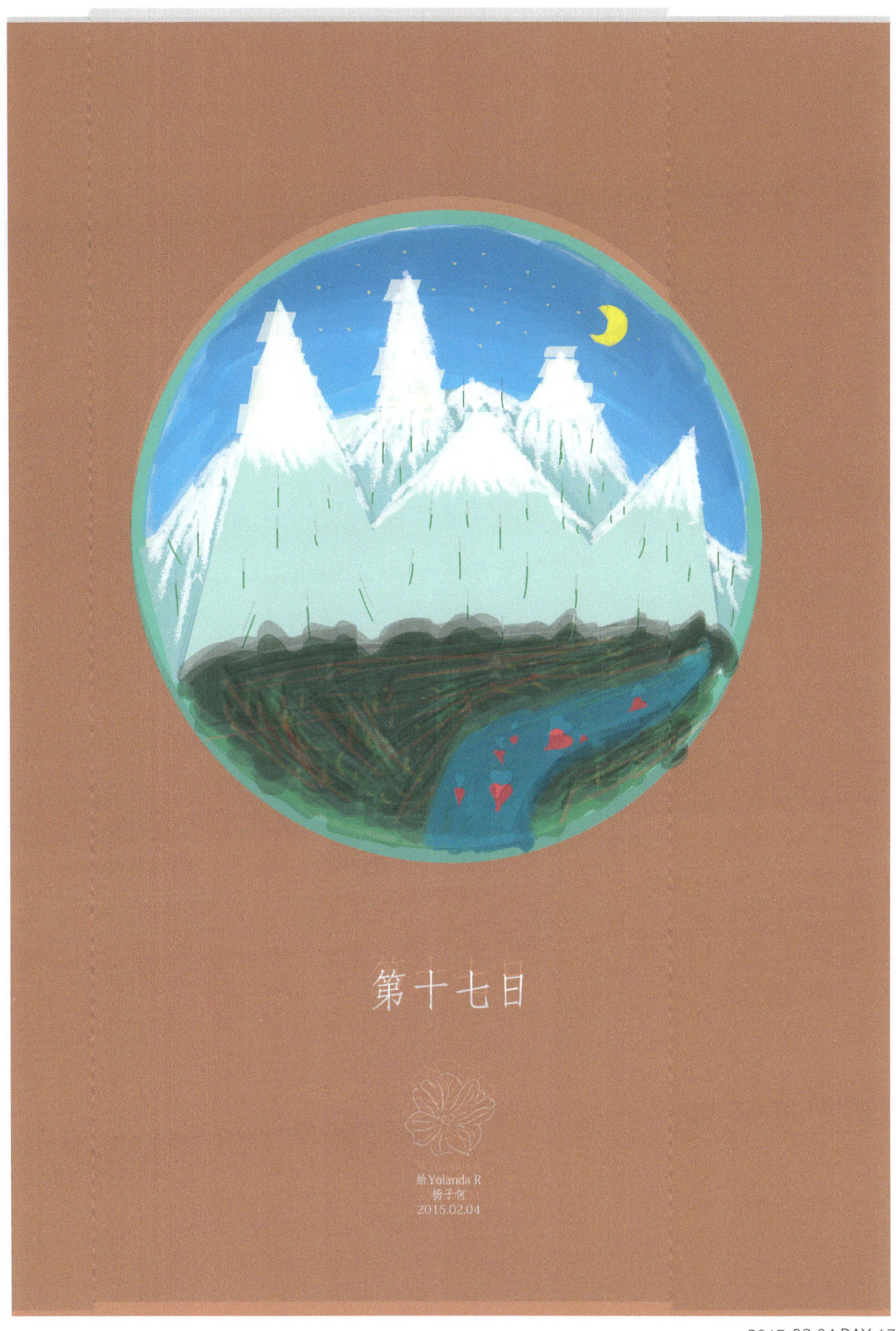

第十七日

给 Yolanda R
杨子何
2015.02.04

2015.02.04 DAY 17
明快的 宏大的
她的家乡三月湖 湖的远方该有雪山

涟漪

DAYS TO MISS

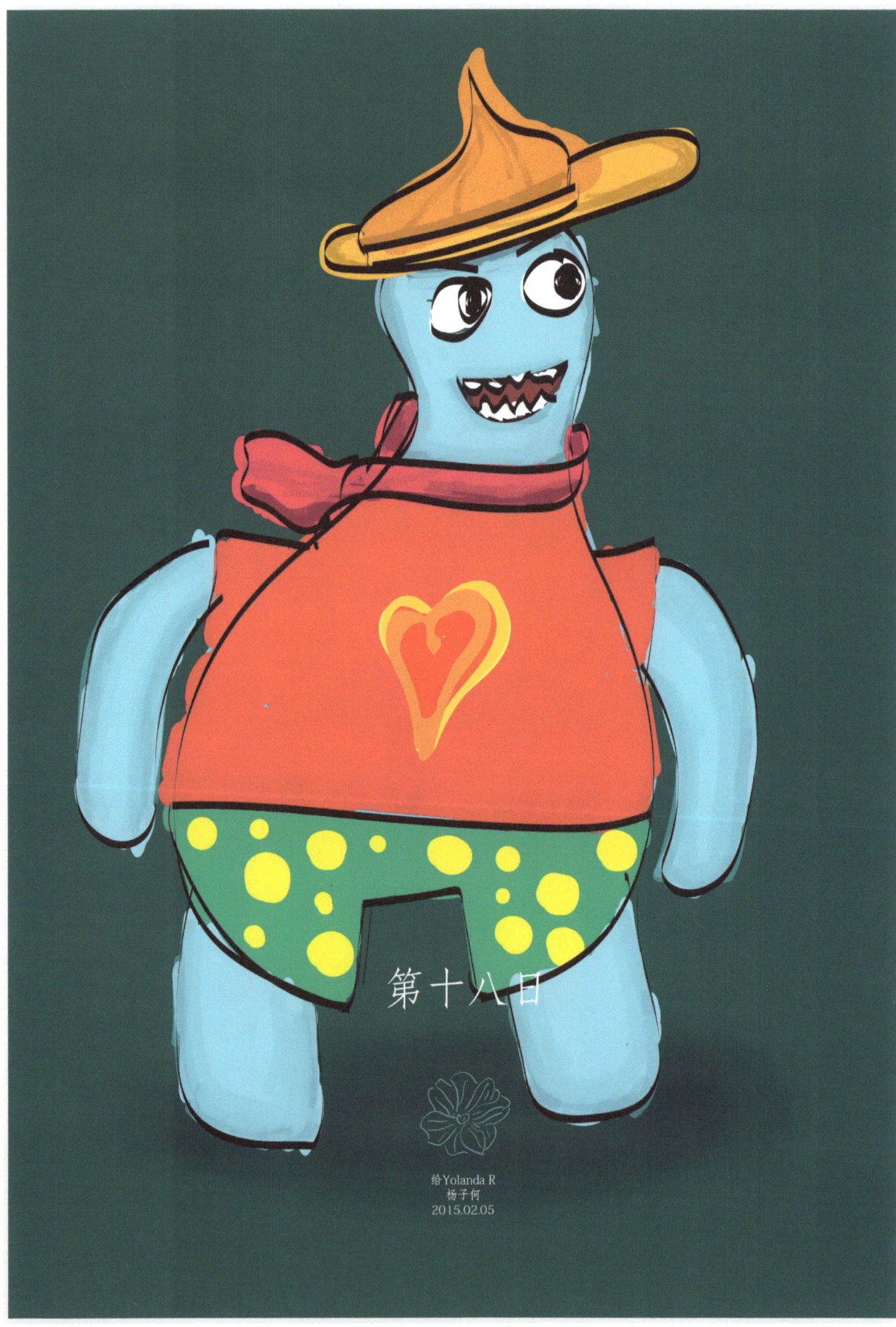

2015.02.05 DAY 18
期待的

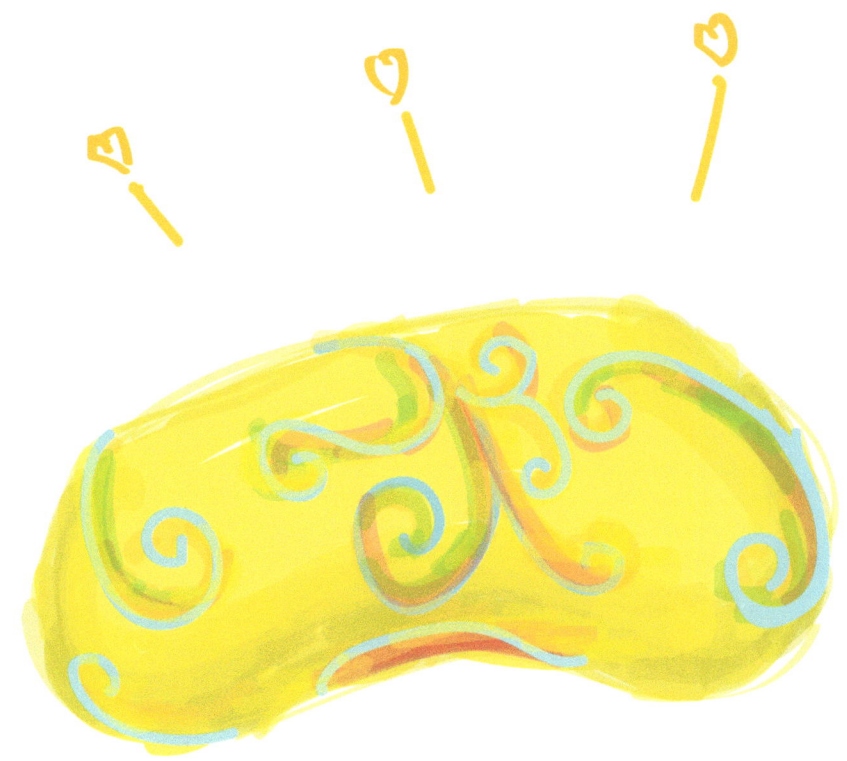

第十九日

给Yolanda R
杨子何
2015.02.06

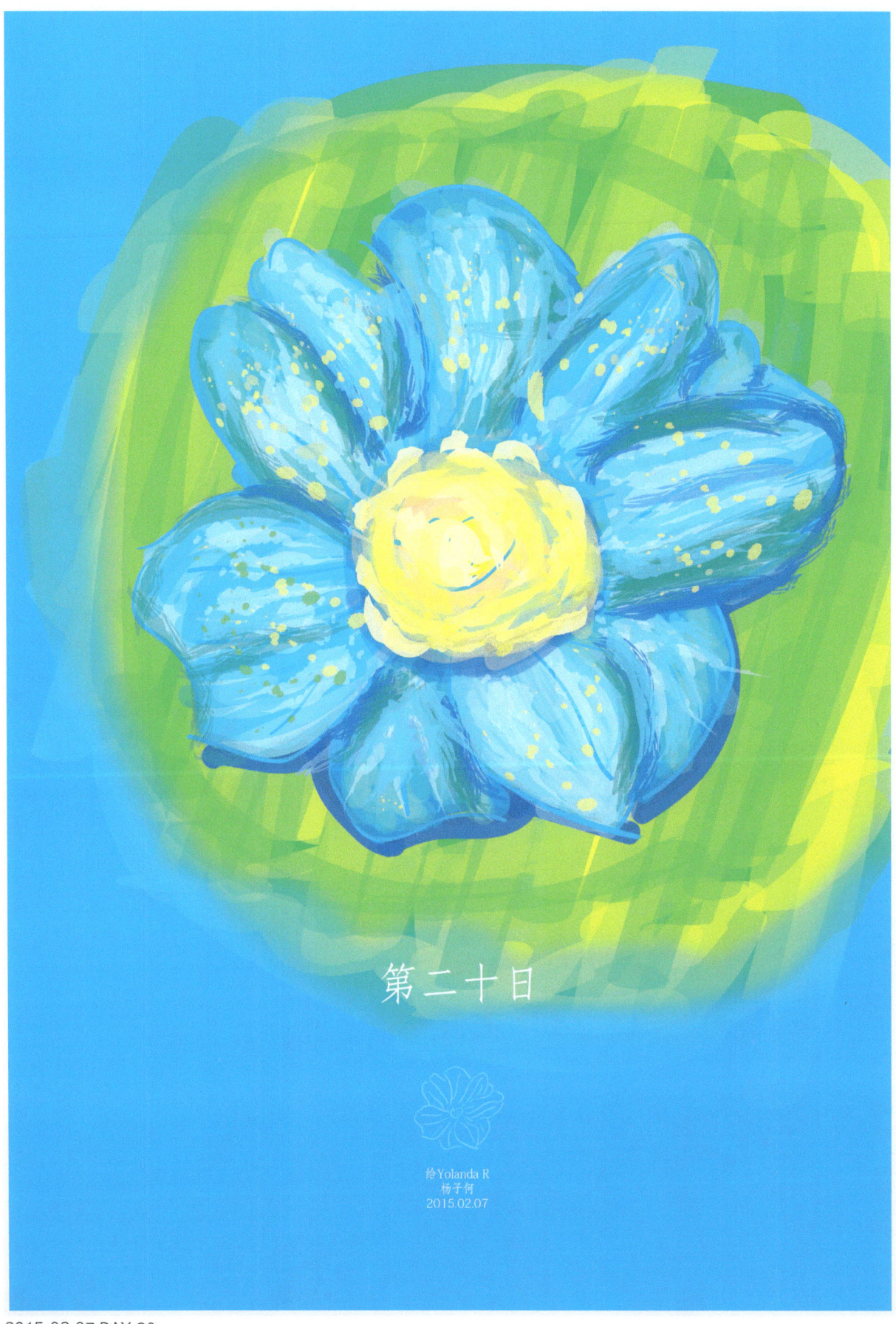

我爱你

第二十一日

给 Yolanda R
杨子何
2015.02.08

www.ingramcontent.com/pod-product-compliance
Lightning Source LLC
Chambersburg PA
CBHW051943210526
45473CB00006B/2362